Bunte Clowns

Angelika Kipp

Fensterbilder aus Tonkarton

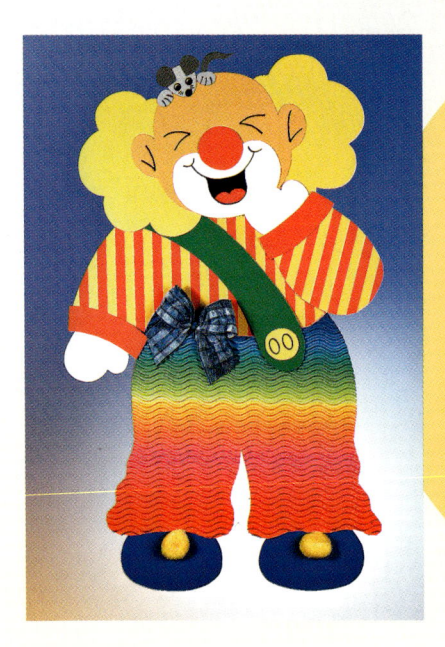

Motivhöhe ca. 40 cm

Material
- Tonkarton in A4: rot-gelb gestreift
- 3D-Regenbogen-Wellpappe in A4
- Tonkartonreste: gelb, orange, rot, weiß, blau, grün, hell- und dunkelgrau
- Schleifenband, blau kariert, 2,5 cm breit, 32 cm lang
- Schleifenband in Blau, 4 mm breit, 3 cm lang
- 2 Pompons in Gelb, ø 2 cm

Vorlagenbogen 1A

Da kitzelt was!

(Abbildung Seite 1)

Malen Sie die Gesichter und alle gepunkteten Linien (s. Vorlagenbogen) auf. Das Schuhpaar mit den aufgesetzten Pompons sowie das gestreifte Hemd mit der rechten Hand werden unter die Hose geklebt. Befestigen Sie darauf den Ärmelaufschlag. Fixieren Sie den Hosenträger mit Knopf auf Hemd und Hose. Fügen Sie das Gesicht und das Haarteil zusammen und platzieren Sie beides auf dem Oberkörper. Nun wird der linke Arm mit der Hand und dem Ärmelaufschlag aufgeklebt. Eine Schleife schmückt den Hosenbund. Ein kleines neugieriges Mäuschen hat es sich auf der Glatze des Clowns gemütlich gemacht. Oh, wie das kitzelt!

Zeichnungen: Berthold Kipp
Fotos: frechverlag GmbH + Co. Druck KG, 70499 Stuttgart; Fotostudio Ullrich & Co., Renningen

Dieses Buch enthält: 2 Vorlagenbogen

Materialangaben und Arbeitshinweise in diesem Buch wurden von der Autorin und den Mitarbeitern des Verlags sorgfältig geprüft. Eine Garantie wird jedoch nicht übernommen. Autorin und Verlag können für eventuell auftretende Fehler oder Schäden nicht haftbar gemacht werden. Das Werk und die darin gezeigten Modelle sind urheberrechtlich geschützt. Die Vervielfältigung und Verbreitung ist, außer für private, nicht kommerzielle Zwecke, untersagt und wird zivil- und strafrechtlich verfolgt. Dies gilt insbesondere für eine Verbreitung des Werkes durch Film, Funk und Fernsehen, Fotokopien oder Videoaufzeichnungen sowie für eine gewerbliche Nutzung der gezeigten Modelle.

Auflage: 5. 4. 3. 2. 1. | Letzte Zahlen
Jahr: 2005 2004 2003 2002 2001 | maßgebend

ISBN 3-7724-2871-1 · Best.-Nr. 2871

© 2001

frechverlag GmbH + Co. Druck KG, 70499 Stuttgart
Druck: frechverlag GmbH + Co. Druck KG, 70499 Stuttgart

Liebe Clown-Fans!

Wenn Sie **Clowns** so lieben wie ich, dann ist dieses Buch genau das Richtige für Sie! Diese kunterbunten, lustigen und witzigen Gesellen schließt man sofort in sein Herz, denn sie sind immer gut gelaunt, machen gerne Unfug und bringen uns zum Lachen.

In diesem Buch präsentieren sich uns die **Clowns** in ihren farbigen Outfits sportlich und verspielt. Ein wagemutiger **Clown** führt einen Seiltanz auf der Wäscheleine vor. Hoffentlich stürzt er nicht ins Wäschefass! Auch ein Handstand auf der Nase eines Seehundes wird gezeigt.

Beim Angeln hat ein **Clown** heute seltenes Glück. Ein alter Schuh hängt an der Angel. Selbst wenn die Nacht hereinbricht, kommen diese immer aktiven Gesellen nicht zur Ruhe: Schlafwandelnd läuft der **Clown** über die Dächer. Hoffentlich stürzt er nicht herab!

Ich wünsche Ihnen viel Freude beim Basteln. Lassen Sie sich vom Lachen dieser lustigen Gesellen anstecken!

Ihre

Angelika Kipp

Schritt für Schritt erklärt

1 Legen Sie Transparentpapier auf das ausgewählte Motiv auf dem Vorlagenbogen und übertragen Sie mit einem Bleistift oder Filzstift alle benötigten Einzelteile ohne Überschneidungen.

2 Kleben Sie das Transparentpapier mit den Zeichnungen auf eine dünne Pappe und schneiden Sie die Einzelteile sauber heraus. Fertig sind die Schablonen!

3 Mithilfe dieser Schablonen arbeiten Sie die benötigten Motivteile, indem Sie sie einfach auf Fotokarton der gewünschten Farbe legen, mit einem Bleistift umfahren und dann die einzelnen Teile ausschneiden.
Für das Aufzeichnen der Gesichter und der Innenlinien benötigen Sie einen schwarzen und ggf. einen roten Filzstift. Fügen Sie die Einzelteile nach dem Bemalen mit Klebstoff zum Motiv zusammen – das Foto und die Vorlage geben Ihnen hierfür Positionierungshilfen.

Material und Werkzeug

- Transparentpapier
- Dünne Pappe
- Schwarzer und roter Filzstift
- Bleistift
- Kreisschablone
- Locher
- Bastelmesser mit Schneideunterlage
- Schere
- Klebstoff, z. B. UHU Alleskleber

Bitte beachten Sie außerdem die Materialangaben bei jedem Motiv.

Tipps und Tricks

<u>Herstellung von Spezialpapieren wie Flicken-, Pünktchen-, Streifen- und Herzchenpapier</u>
Diese Papiere gibt es bereits bedruckt im Handel, sie können jedoch auch selbst gemacht werden.
Pünktchenpapier:
Stanzen Sie mit einem Locher Punkte aus farbigem oder weißem Tonkarton und kleben Sie sie auf.
Flicken-, Streifen- und Herzchenpapier:
Schneiden Sie die Flickenteile, Streifen bzw. Herzchen nach der Vorlage aus farbigem Tonkarton und kleben Sie sie auf.

<u>Gestaltung des Motivs von der Vorder- und Rückseite</u>
Die Materialangaben beziehen sich jeweils auf die Vorderseite des Motivs. Wenn Sie das Motiv jedoch frei aufhängen, sollte natürlich auch die Rückseite deckungsgleich gearbeitet werden. Für diesen Fall brauchen Sie dementsprechend mehr Material. Für die Gestaltung der Rückseite benötigen Sie die meisten Teile doppelt. Sie werden spiegelbildlich, aber in der gleichen Reihenfolge wie auf der Vorderseite angeordnet.

<u>Motivhöhe</u>
Damit Sie sich vorstellen können, wie groß das fertige Fensterbild ist, ist bei jeder Anleitung die Höhe des Motivs angegeben.

Gut gelaunt!

(Abbildung und Materialliste Seite 6)

Zeichnen Sie dem gut gelaunten Clown das Gesicht und alle gepunkteten Linien (s. Vorlagenbogen) auf. Das grüne Hemd und die zweiteiligen Schuhe werden unter der Hose fixiert. Platzieren Sie die geflickte Jacke mit den untergesetzten Händen und dem Knopf auf dem grünen Hemd und fügen Sie das Gesicht inkl. der Stirnhaare zusammen. Der gelbe große Haarteil wird von hinten angeklebt. Der bunte Hut steht dem Clown sehr gut. Einen geflickten Luftballon hält er in der rechten Hand. Nun werden die Schuhe noch mit den Schleifen versehen und schon ist der Clown fertig.

Gut gelaunt!

(Beschreibung Seite 5)

Motivhöhe ca. 40 cm

Material
- Tonkarton in A4: rot, blau, hellblau
- Tonpapier in A4: Flickenmuster
- Tonkartonreste: gelb, weiß, orange, grün, rot-gelb gestreift
- Schleifenband, rot-weiß kariert, 1 cm breit, 40 cm lang
- Schleifenband in Rot, 4 mm breit, 6 cm lang

Vorlagenbogen 1A

Ich heiße August!

Der Clown August benötigt sein aufgemaltes Gesicht und alle gepunkteten Linien (s. Vorlagenbogen).
Das weiße Hemdteil und die Socken mit den bunten Schuhen werden unter die Hose, auf der eine Blume sitzt, geklebt. Dann fixieren Sie die Weste mit den Knöpfen. Fügen Sie das Jackett zusammen und kleiden Sie August damit. Die Hände sind untergesetzt.
Kleben Sie den Kopf und den Hut zusammen. Das fertige Kopf/Hutteil wird am Körper fixiert und schon kann August seine Späßchen machen.

Motivhöhe ca. 46 cm

Material
- Tonkarton in A4: rot, blau
- Tonpapier in A4: Flickenmuster
- Tonkartonreste: schwarz, orange, weiß, gelb, grün, hellblau, rot mit weißen Punkten, rot-gelb gestreift
- Pompon in Gelb, ø ca. 2 cm

Vorlagenbogen 1A

Ein sportlicher Clown

Zeichnen Sie das Gesicht und alle gepunkteten Linien (s. Vorlagenbogen) auf.
Das Handpaar, die Flicken und die gepunktete Krawatte werden auf dem Anzug, die Schuhe darunter fixiert.
Das zusammengeklebte Kopfteil wird am Körper befestigt. Stellen Sie den zusammengebauten Schwebebalken auf die Blumenwiese.
Ein Teddy, der eine blaue Hose, den rechten Arm und das Innenohrteil erhält, schaut dem Clown bei seinen Turnübungen zu: Echt sportlich!

Motivhöhe ca. 43 cm

Material
- Tonkarton in A4: rot, blau, gelb, grün, hellbraun
- Tonpapier in A4: Flickenmuster
- Tonkartonreste: orange, grau, weiß, blau mit weißen Punkten, hellblau, dunkelbraun

Vorlagenbogen 1B

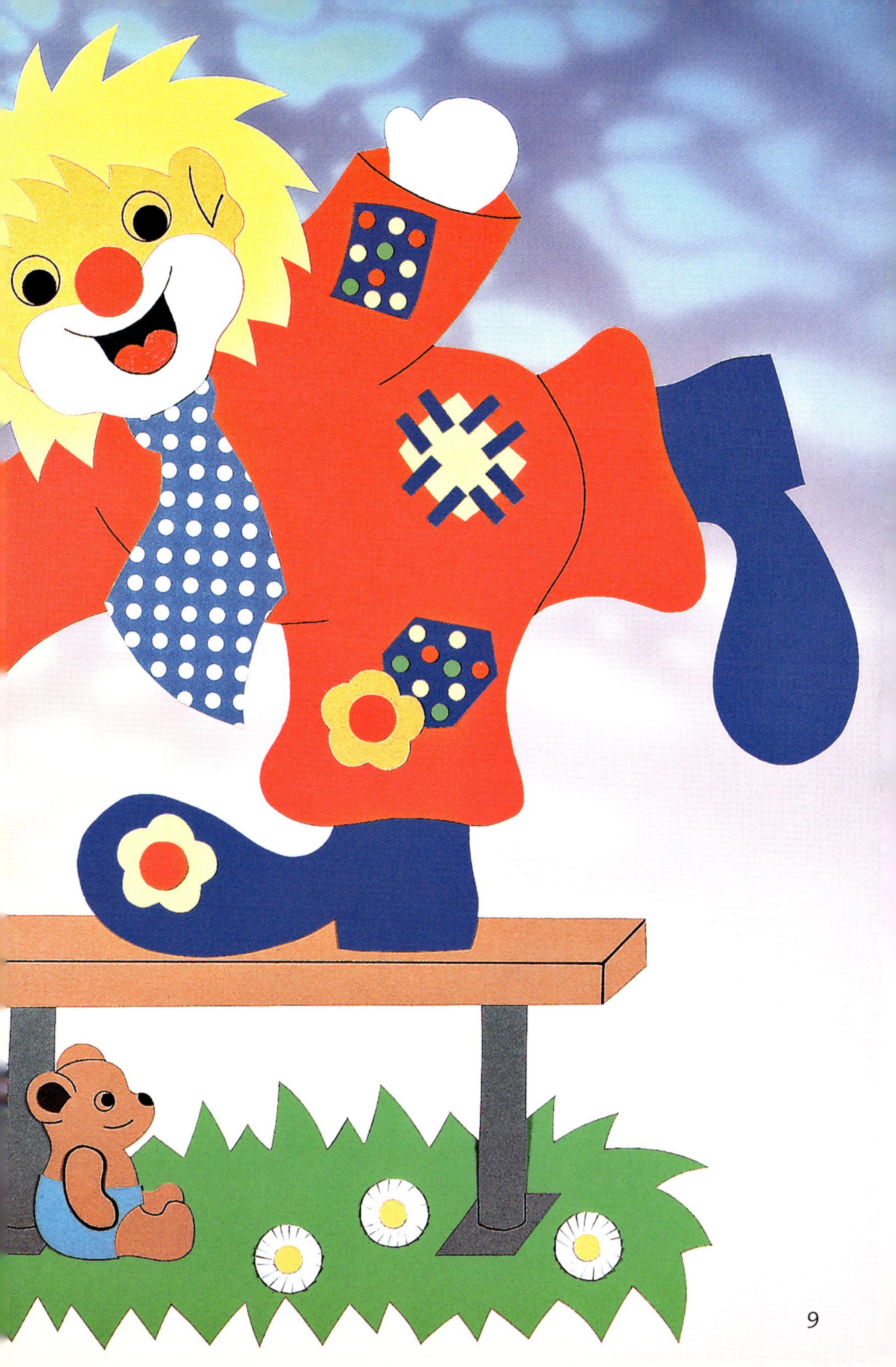

Ein geschickter Seiltänzer

Zeichnen Sie die Gesichter und alle gepunkteten Linien (s. Vorlagenbogen) auf.
Die Wäscheleine und die Pfosten werden auf die Grünfläche gestellt und die Wäschestücke an die Leine gehängt.
Auf der Wiese stehen ein gefülltes Wäschefass, ein Ball, ein Teddy mit Hemd und aufgesetzten Innenohren sowie ein mehrteiliges Clownpüppchen aus Regenbogen-Fotokarton.
Fügen Sie die Kleidungsstücke des Clowns zusammen. Zwischen den rechten Handteilen hält er einen zweiteiligen Schirm. Mund, Nase und Haarteil werden auf dem Kopfteil fixiert. Nun braucht der Clown noch seinen dreiteiligen Hut und schon kann der Seiltanz beginnen.
Ein kleiner Vogel schaut sich dieses tolle Kunststück an.

Motivhöhe ca. 38 cm

Material
- Tonkarton in A3: grün
- Tonkartonreste: rot, hell- und dunkelblau, hell- und dunkelbraun, gelb, weiß, grau, orange, hellgrün, rot mit blauen Punkten, blau mit weißen Punkte, gelb-rot gestreift
- Regenbogen-Fotokarton (Reste)

Vorlagenbogen 2A

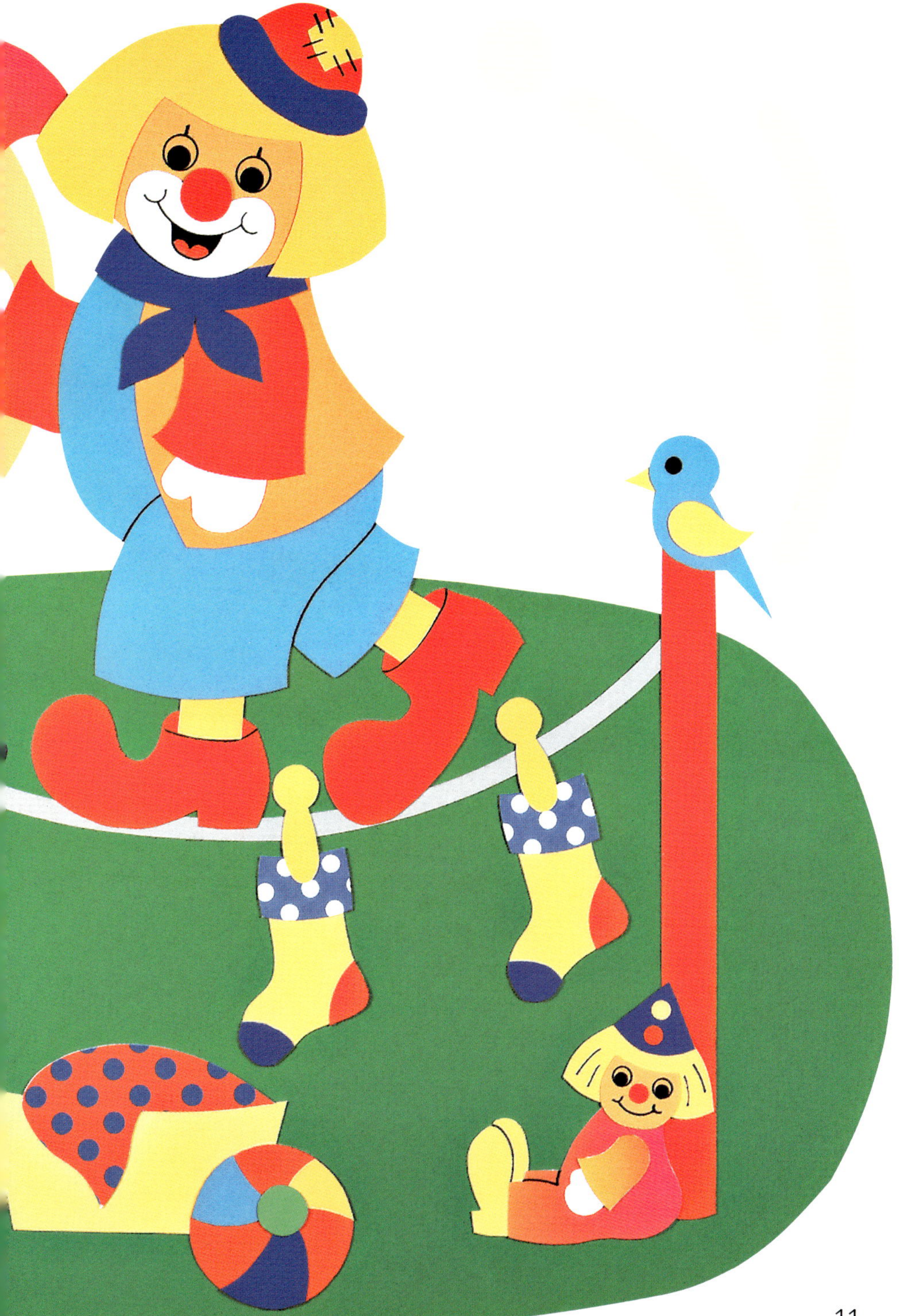

*H*oppe, hoppe Reiter!

Zeichnen Sie die Gesichter, die Hufe des Pferdes und alle gepunkteten Linien (s. Vorlagenbogen) auf.
Der Kopf des Clowns und der zweiteilige Hut werden zusammengesetzt.
Fügen Sie die Kleidungsstücke zusammen und ergänzen Sie dann das Kopfteil.
Das Pferd erhält das Halfter, die Mähne und den Schweif.
Eine Feder schmückt das Tier.
Setzen Sie den Clown verkehrt herum auf das über die Blumenwiese galoppierende Pferd.
Hoffentlich fällt er nicht herunter!

Motivhöhe ohne Feder
ca. 31 cm

Material
- Tonkarton in A3: hellbraun
- Tonkarton in A4: grün
- Tonkartonreste: blau, dunkelbraun, rot, gelb, orange, schwarz, weiß, rot mit weißen Punkten
- Gelbe Feder

Vorlagenbogen 1B

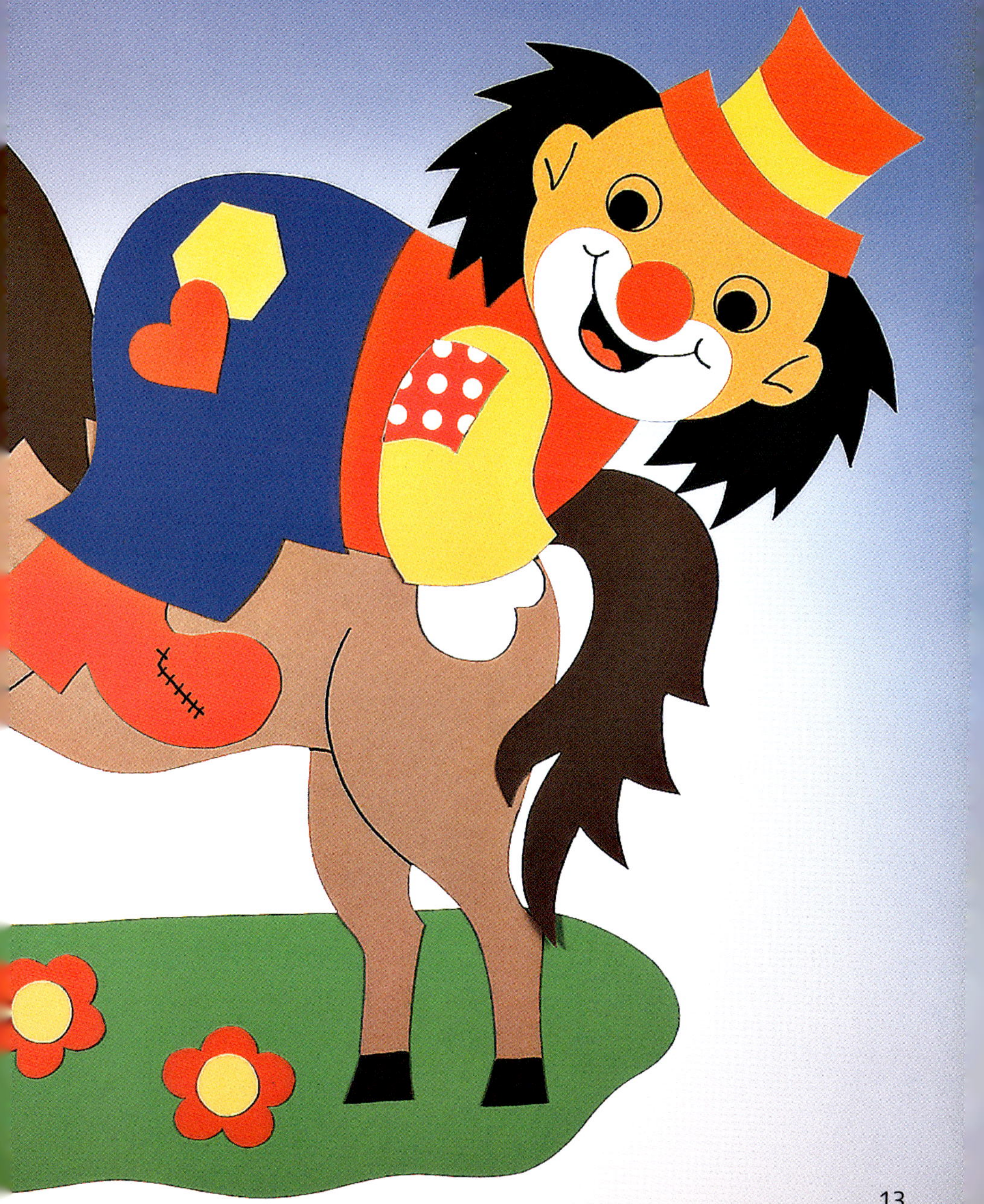

Ein wenig Gymnastik

Zeichnen Sie die beiden Gesichter und alle gepunkteten Linien (s. Vorlagenbogen) auf. Der Oberkörper und die Hose mit Schuhen werden jeweils aus mehreren Teilen zusammengesetzt.
Kleben Sie den Oberkörper auf die Hose. Der Kopf erhält Mund, Nase, das Wuschelhaar und den dreiteiligen Hut. Kleben Sie den Kopf auf den Körper. Der zusammengefügte bunte Ball wird hinter das linke Bein gelegt. Auf der Blumen geschmückten Wiese betreibt der Clown seine morgendliche Gymnastik, um fit zu bleiben.
Ein kleiner Bär schaut ihm dabei neugierig über die Schulter.

Motivhöhe ca. 32 cm

Material
- Tonkarton in A3: grün
- Tonkarton in A4: blau, rot
- Tonkartonreste: hell- und mittelblau, gelb, weiß, rot, hell- und dunkelbraun, orange, rot mit weißen Punkten, blau mit weißen Punkten

Vorlagenbogen 2B

Ich bin schwindelfrei!

Dieser mutige Clown benötigt sein aufgemaltes Gesicht und alle gepunkteten Linien (s. Vorlagenbogen), die aufgezeichnet werden.
Montieren Sie die Schaukel und befestigen Sie diese hinter dem mit Flicken besetzten Vorhang. Der Clown erhält eine geflickte Weste, die auf das Hemd mit drei Knöpfen geklebt wird. Das Hemd wird auf dem Hosenteil fixiert und auf dem Schaukelbrett befestigt. Die Hosenbeine mit Flicken werden von vorne ergänzt. Das Beinpaar mit den Schuhen wird hinterklebt. Die zweiteiligen Hände halten das Schaukelseil.
Fügen Sie den Kopf zusammen und kleben Sie ihn auf den Körper.
Kleben Sie den oberen Hutrand auf den mit Flicken besetzten Vorhang, damit das Fensterbild stabiler wird.
Der geflickte Luftballon wird mit dem Band am linken Schuh festgebunden.

Motivhöhe ca. 39 cm

Material
- Tonkarton in A3: Regenbogen-Tonkarton
- Tonpapier in A4: Flickenmuster
- Tonkarton in A4: blau, hellblau, grün, rot
- Tonkartonreste: gelb, orange, weiß

Vorlagenbogen 2B

17

Auf Angeltour

Zeichnen Sie die Gesichter und alle gepunkteten Linien (s. Vorlagenbogen) auf. Der Clown erhält seinen Mund, die Nase und die Wuschelmähne.
Zur heutigen Angeltour trägt er seine dreiteilige Seemannsmütze. Fügen Sie die Kleidungsteile zusammen und platzieren Sie den Kopf auf dem Körper. Nachdem das Segelschiff montiert wurde, wird der Seemann wie auf der Abbildung in das Boot gesetzt.
An der Angel hat er einen kaputten Schuh.
Der Delfin findet diesen Fang
sehr amüsant!

Motivhöhe ca. 29 cm

Material
- Tonkarton in A3: blau
- Tonkarton in A4: rot
- Regenbogen-Fotokarton in A4
- Tonpapier in A4: Flickenmuster
- Tonkartonreste: hellblau, gelb, weiß, hellgrau, orange, hellbraun, grün, rot mit weißen Punkten

Vorlagenbogen 1B

Mein bester Freund!

Die beiden besten Freunde erhalten ihre Gesichter und alle gepunkteten Linien (s. Vorlagenbogen), die aufgezeichnet werden.
Ziehen Sie dem Bären die Hose mit Herz und die zweiteilige Weste an. Der schwarz umrandete rechte Arm wird aufgesetzt. Nun benötigt der Teddy noch sein Innenohr und den Hut mit den aufgeklebten Pompons.
Beim Clown kleben Sie die Hose mit Schuhen unter das geflickte Mantelteil. Der mit Flicken besetzte Ärmel mit der untergeklebten Hand wird auf dem Mantel fixiert. Fixieren Sie den Kragen. Der Kopf erhält das Haarteil, den Mund und die Nase.
Stellen Sie die beiden fertig gebastelten Figuren auf die mit Blumen besetzte Wiese.
Die beiden Freunde verstehen sich einfach gut!

Motivhöhe ca. 33 cm

Material
- Tonkarton in A4: hellbraun, rot, grün
- Tonpapier in A4: Flickenmuster
- Tonkartonreste: dunkelbraun, orange, gelb, blau, rot mit weißen Punkten, blau mit weißen Punkten, gelb-rot gestreift
- Pompons, ø ca. 2 cm: 2x gelb, 1x rot

Vorlagenbogen 1B

21

Ein lustiger Schlafwandler!

(Anleitung Seite 24)

Motivhöhe Clown auf Dach ca. 32,5 cm

Material
- Tonkarton in A3: rot
- Tonkarton in A4: gelb, weiß
- Tonpapier in A4: Flickenmuster
- Tonkartonreste: orange, blau, hell- und dunkelgrau

Vorlagenbogen 1A

23

Ein lustiger Schlafwandler!

(Große Abbildung und Materialliste Seite 22/23)

Zeichnen Sie die Gesichter, die Zehen, die Haarstoppel und alle gepunkteten Linien (s. Vorlagenbogen) auf.
Das Beinpaar und die Hände werden unter das mit Flicken besetzte Nachthemd geklebt.
Das Clowngesicht erhält Mund und Nase und die zweiteilige geflickte Schlafmütze. Das Haar wird von der Rückseite angeklebt. Fügen Sie die Körperteile zusammen und stellen Sie den Clown auf das zusammengesetzte Dach.
Am sternenklaren Himmel schaut der Mond dieser nächtlichen Szene zu. Hoffentlich fällt die Schlafmütze nicht vom Dach!

Auf ins kühle Nass!

Zeichnen Sie die Gesichter und alle gepunkteten Linien (s. Vorlagenbogen) auf.
Das Beinpaar wird samt Schwimmanzugunterteil unter dem geflickten Reifen fixiert. Der zweiteilige Stöpsel ist aufgesetzt.
Das Oberteil des Badeanzugs mit dem untergesetzten Armpaar wird auf dem Reifen platziert.
Der Clown erhält seinen Mund und die Nase. Die Strubbelhaare werden von hinten an den Kopf geklebt.
Fügen Sie die Teile zum Clown zusammen und stellen Sie den kühnen Nichtschwimmer auf den Startblock, der im Wasser steht.
Eine kleine zweiteilige Ente schaut neugierig dem Geschehen zu.

Motivhöhe ca. 35 cm

Material
- Tonkarton in A4: blau, gelb, rot mit weißen Punkten
- Tonkartonreste: weiß, hell- und dunkelorange, rot, grün, grau

Vorlagenbogen 2A

25

Motivhöhe ca. 34,5 cm

Material
- Tonkarton in A3: grau
- Tonkarton in A4: Regenbogen-Tonkarton, gelb
- Tonkartonreste: orange, weiß, hell- und dunkelblau, dunkelbraun, blau mit weißen Punkten
- Urselle-Papierrest: braun
- Schleifenband, rot-weiß kariert, 1 cm breit, 40 cm lang
- Metallkette, 18 cm lang, Gliedlänge 4 mm

Vorlagenbogen 1B

Das ist mein Haustier!

Zeichnen Sie die Gesichter und alle gepunkteten Linien (s. Vorlagenbogen) auf.

Der Clown erhält seinen Mund und die Nase sowie den zweiteiligen Hut von vorn. Das Haar wird hinterklebt.

Fixieren Sie das Gesicht auf dem flickenbesetzten Kleid. Die Schuhe und die rechte Hand werden von hinten angebracht.

Zwei Schleifen schmücken das Schuhpaar. Die linke Hand hält die Metallkette, an deren anderen Ende der Löwe sitzt.

Kleben Sie die aus dunkelbraunem Tonkarton geschnittene Mähne und den Schweif auf die Rückseite des Urselle-Papiers und schneiden Sie die beiden Formen aus. Mähne, Schweif, das Gesicht und das Ohrenpaar werden aufgeklebt.

Befestigen Sie die Kette auf der Rückseite des Löwen.

Um dem Motiv genügend Stabilität zu geben, werden der Clown und sein Haustier auf den grauen Karton gestellt.

Auch wenn Sie es nicht glauben wollen - dieser Löwe ist ganz zahm!

Spaziergang auf dem Eis

Die beiden Wintersportler benötigen ihr aufgemaltes Gesicht und alle gepunkteten Linien (s. Vorlagenbogen).
Kleben Sie die ausgeschnittenen Schlittschuhe aus Tonkarton auf die Rückseite der Hologrammfolie. Danach schneiden Sie diese aus der Folie heraus.
Platzieren Sie die Schuhe und Socken hinter dem flickenbesetzten Anzug. Das Kopfteil erhält die Nase und die dreiteilige Mütze und wird dann unter dem Anzug fixiert. Der mit Herzchen besetzte Schal schützt vor der Kälte. Nun wird das Haarteil ergänzt. Der linke Handschuh ist aufgeklebt.
Der rechte Handschuh, der von hinten fixiert ist, besteht aus zwei Teilen. Zwischen diesen befindet sich die Hundeleine.
Die Leine wird unter dem Halsband
des Hundes befestigt.

Die Ohren sind darauf geklebt. Der Hund trägt einen dreiteiligen Hut.
Nun braucht der Clown seine glitzernden Schlittschuhe, damit ihn sein vierbeiniger Freund über die Eisfläche ziehen kann.

Motivhöhe ca. 27,5 cm

Material
- Tonkarton in A3: weiß
- Tonpapierrest: Flickenmuster
- Tonkartonreste: rot, grün, blau, gelb, orange, hell- und dunkelbraun
- Hologrammfolie (Rest) in Silber

Vorlagenbogen 2B

Zwei dicke Freunde

Die beiden dicke Freunde erhalten ihre aufgemalten Gesichter sowie alle gepunkteten Linien (s. Vorlagenbogen), die aufgezeichnet werden. Das untere Rüsselteil ist schwarz umrandet, damit es sich vom Körper absetzt.
Das Ohrenteil des Elefanten wird zwischen den Kopf und den Körper geklebt. Das gepunktete zweiteilige Tuch hält der Elefant mit seinem Rüssel fest. Er bekommt noch eine dreiteilige Kopfbedeckung. Kleben Sie den Kopf des Clowns mit dem Mund, der aufgesetzten Zunge, der Nase und dem Haarteil zusammen. Der Kopf wird auf das gestreifte Hemd gesetzt; die Hände und das Hosenteil werden dahinter geklebt.
Platzieren Sie den Clown wie auf dem Foto auf dem Elefanten. Die Schuhe werden hinter den Ohren angebracht. Eine große Schleife schmückt den lustigen Reiter. Hier entwickelt sich sicherlich eine dicke Freundschaft!

Motivhöhe ca. 44,5 cm

Material
- Tonkarton in A3: hellgrau
- Tonkarton in A4: dunkelgrau, rot-gelb gestreift
- Tonkartonreste: gelb, weiß, rot, blau, orange, grün, rot mit weißen Punkten
- Schleifenband, rot mit weißen Punkten, 2,5 cm breit, 38 cm lang
- Schleifenband in Weiß: 4 mm breit, 3 cm lang

Vorlagenbogen 1A

Ein eingespieltes Team

(Große Abbildung und Materialliste Seite 32)

Zeichnen Sie die Gesichter und alle gepunkteten Linien (s. Vorlagenbogen) auf. Zuerst wird die Nase des Clowns (oberen Teil der Nase noch nicht fixieren!) und dann das weiße Mundteil auf den Kopf geklebt. Ergänzen Sie die Haare und den zweiteiligen Hut. Nun können Sie auch den oberen Teil der Nase auf dem Hut befestigen. Der Kopf und der Flicken werden auf dem Anzug befestigt. Die Schuhe mit den Socken und die Hände werden von hinten am Anzug platziert. Der mit einer Halskrause geschmückte Seehund nimmt vor dem mit vielen bunten Teilen beklebten Vorhang Platz. Ein Ball mit Herzchen liegt vor ihm. Vorsichtig balanciert das Tier seinen Partner auf der Nase. Der Vorhang wird auf beiden Seiten jeweils mit einem Schleifenband zusammengerafft.

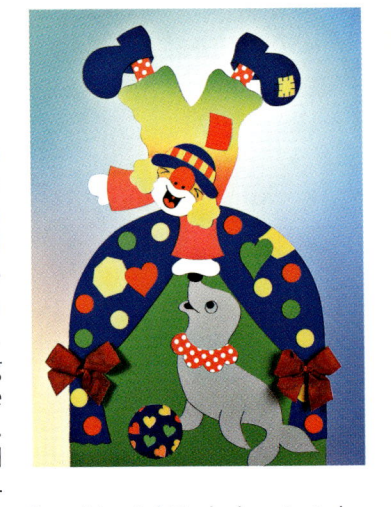

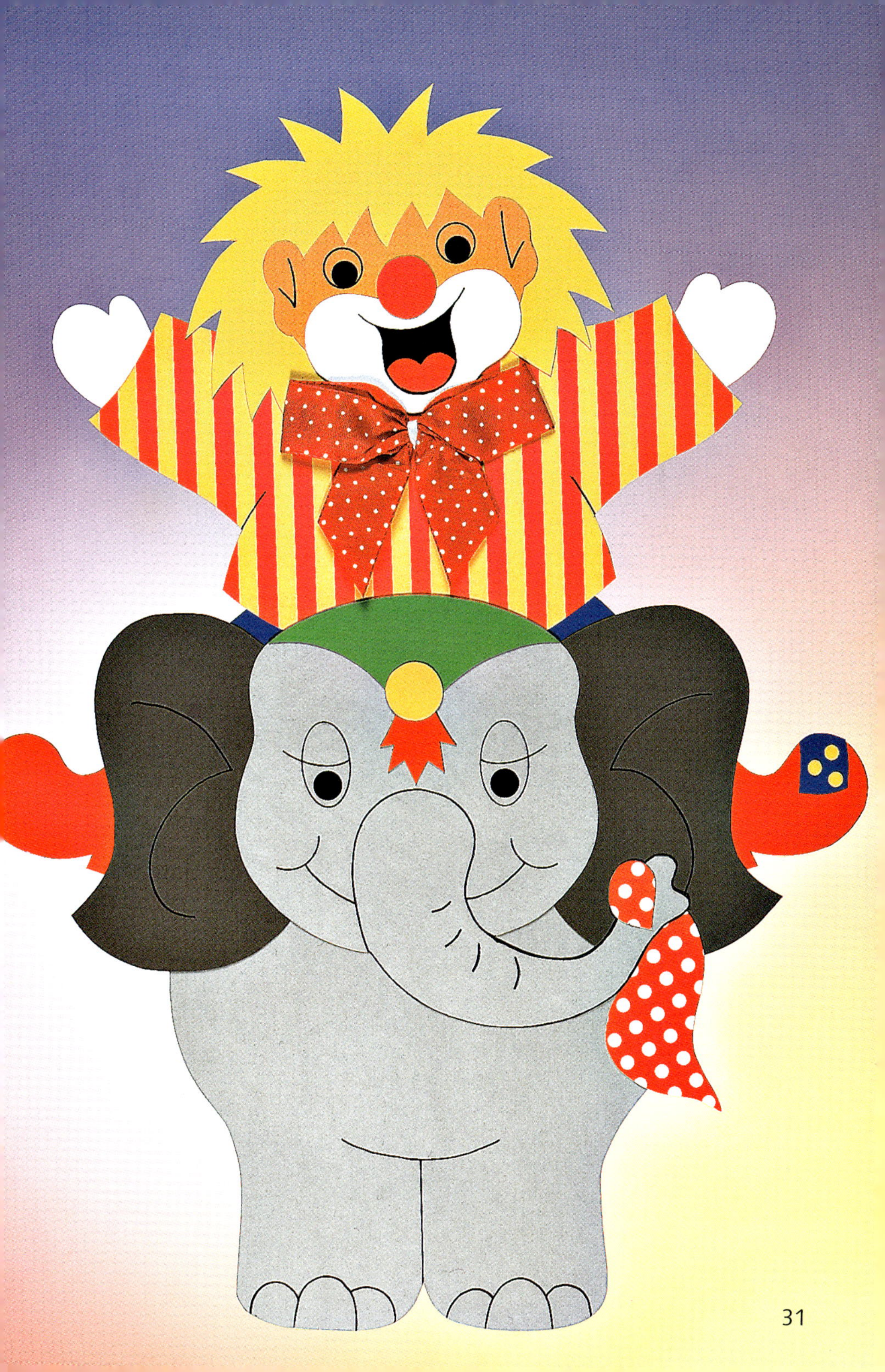

(Anleitung Seite 30)

Motivhöhe
ca. 46,5 cm

Material
- Tonkarton in A3: grün, blau
- Tonkarton in A4: grau
- Regenbogen-Fotokarton in A4
- Tonkartonreste: rot, weiß, orange, gelb, rot mit weißen Punkten, gelb-rot gestreift, blau mit bunten Herzen
- Schleifenband in Rot, 2,5 cm breit, 64 cm lang
- Schleifenband in Rot, 4 mm breit, 6 cm lang

Vorlagenbogen 2A